·igine et Conséquences

DE

LA PROPRIÉTÉ INDIVIDUELLE

et Héréditaire

PAR

Le Chevalier Adolphe MOURRET

DOCTEUR EN MÉDECINE DE LA FACULTÉ DE PARIS
ANCIEN MÉDECIN INSPECTEUR DES NOURRISSONS
ANCIEN MEMBRE DE COMMISSIONS D'HYGIÈNE
ANCIEN INTERNE DES HÔPITAUX DE LA PROVINCE D'ORAN
ANCIEN INTERNE DES HÔPITAUX DU HAVRE, ETC.

Prix : 50 Centimes

« La Démocratie peut être furieuse, mais elle a des entrailles, on l'émeut : pour l'Aristocratie elle demeure toujours froide, elle ne pardonne jamais. »
(*Memorial de Sainte-Hélène.*
PAROLES DE NAPOLEON Ier, p. 415
Édition Bourdin)

« Venez avec moi : mes terres sont vos terres, mes maisons sont vos maisons. »
HENRYK SIENKIEWICZ (*Quo Vadis ?*)

PARIS
IMPRIMERIE DE LA PRESSE
16, RUE DU CROISSANT, 16

M. C. M.

Origine et Conséquences

DE

LA PROPRIÉTÉ INDIVIDUELLE et Héréditaire

PAR

Le Chevalier Adolphe MOURRET

DOCTEUR EN MÉDECINE DE LA FACULTÉ DE PARIS
ANCIEN MÉDECIN INSPECTEUR DES NOURRISSONS
ANCIEN MEMBRE DE COMMISSIONS D'HYGIÈNE
ANCIEN INTERNE DES HÔPITAUX DE LA PROVINCE D'ORAN
ANCIEN INTERNE DES HÔPITAUX DU HAVRE, ETC.

Prix : 50 Centimes

« La Démocratie peut être furieuse, mais elle a des entrailles, on l'émeut ; pour l'Aristocratie elle demeure toujours froide, elle ne pardonne jamais. »

(*Memorial de Sainte-Hélène.*
PAROLES DE NAPOLEON Ier, p. 415
Édition Bourdin)

« Venez avec moi ; mes terres sont vos terres, mes maisons sont vos maisons. »
HENRYK SIENKIEWICZ (*Quo Vadis ?*)

PARIS
IMPRIMERIE DE LA PRESSE
16, RUE DU CROISSANT, 16

M. C. M.

A tout homme humain et tolérant je dédie ces pages pour la justice suivant ma conscience.

A. M.

Origine et Conséquences

DE

LA PROPRIÉTÉ INDIVIDUELLE

et Héréditaire

I

Explications nécessaires

C'est une question aussi vaste qu'importante qui embrasse l'humanité tout entière, qui s'agite à chaque page de son histoire, que celle des *Origines et Conséquences de la propriété individuelle et héréditaire.*

C'est en effet la propriété qui, dans notre société actuelle, est le pivot des lois, des droits et des devoirs.

Aussi, peu préparé par des études médicales à aborder cette question, je réclame toute indulgence, car le sujet de ce travail me fut imposé par des amis et demandé pour une conférence. Voilà pourquoi n'ayant pas la prétention d'être complet, je prie ceux qu'intéresseront ces quelques lignes de m'excuser si je reste dans les généralités sur les origines et conséquences de la propriété individuelle et héréditaire, car ce sera voulu et nécessaire.

Pourquoi aurais-je consulté des ouvrages spéciaux, le temps me manquant d'ailleurs pour les lire, les étudier, les apprécier avant notre rendez-vous ?

Pourquoi aurais-je consulté des amis mieux préparés que moi à l'étude de ces questions? Mieux ne valait-il pas rester ce que l'on est, puisant ce que l'on dit dans sa pensée et glanant dans la seule expérience de sa vie, si obscure soit-elle, le meilleur ou le pire s'il se peut de soi-même, échapper ainsi à toute suggestion et se faire mieux connaître de qui vous écoute, de qui vous lira. Donc ce qui va suivre sera sans doute incomplet et peut-être insuffisamment exprimé; j'aurais du moins la satisfaction d'avoir été franc avec moi-même, étant le sincère interprète de ma conscience.

Et si je me suis trompé, ne craignant pas devant l'erreur les opinions successives quand elles sont sincèrement loyales et motivées, je m'efforcerai dans la suite de ma vie de découvrir le chemin de Damas conduisant à la vérité qui seule satisfasse l'homme de bonne foi.

En attendant, je fais appel à la *Tolérance*, cette vertu humaine si belle, le propre de tout esprit vraiment libéral, et je demande de nouveau toute bienveillance pour ce qui va suivre sur une question qui me paraît d'un si puissant intérêt.

II

Qu'entend-on par « La Propriété » ? Est-ce un droit ?

Entrons donc aussitôt dans le vif de notre sujet et prenons tout d'abord la définition classique de la propriété. *La Propriété*, dit-on, est le droit par lequel une chose appartient en propre à quelqu'un, c'est-à-dire exclusivement.

Quelle est l'origine de ce droit qui fait qu'une chose est la propriété d'un homme ?

Existe-t-il ce droit en tant que droit ?

Si nous ne pouvons le prouver, comment discuter sur son hérédité et ne pas répéter avec Proud'hon, aujourd'hui comme hier « *La Propriété c'est le vol* ».

Si donc c'est *un droit*, il en découle

des devoirs qui seront les *conséquences* de ce *droit* de propriété qui se transmettra de père en fils, de famille en famille.

En tout cas, si ce n'est pas *un droit*, c'est *un fait*.

L'Hérédité c'est le droit de succession. Par exemple, en physiologie, l'hérédité, c'est le fait de la transmission, par la voie du sang, de certaines particularités organiques, de certaines qualités morales.

La Propriété, en elle-même, n'est pas un *droit naturel*, c'est un droit social de convention qui nous oblige à des *devoirs* du même ordre.

Ce droit de propriété est né avec la société ; c'est donc une convention, rien qu'une convention avec les différents membres de cette société.

III

Origines de la Propriété.

A l'origine de l'humanité, alors que l'homme dans toute sa beauté et sa puissance physiques suivait *son évolution* vers la société, il devait sa vie libre de toutes entraves à la non-existence des nombreux besoins créés dans la suite par la civilisation.

Sous le soleil qui le réchauffait, il se promenait libre sur la terre qui le nourrissait. Il était sans besoins et, frugivore à ses débuts, ce ne fut que plus tard qu'il se nourrit des viandes que les combats qu'il eut à soutenir contre les animaux mirent à sa disposition. C'est ainsi que s'affirma ce goût nouveau créé par le meurtre continué par lui.

Le jour où las de la vie errante, il chercha un abri pour sa compagne et ses petits, il s'arrêta dans un creux d'arbre géant ou dans une caverne, ou sous une hutte qu'inventif, il créa.

Là, il vécut des fruits des arbres qui l'environnaient et du résultat de ses chasses, luttes où s'affirma son courage, où s'éveilla sa jeune intelligence.

Mais son jardin ouvert, sans défense à tout venant, fut souvent dévasté par les animaux ; c'est alors qu'ingénieux par nécessité, il l'entoura pour mieux le préserver et résister avec avantage aux assaillants.

Ce fut surtout de ses semblables qu'il eut le plus à se défendre. Ignorant la propriété, à plus forte raison ses futures lois qui n'existaient pas encore, et passant près du jardin de ce *premier paysan* ils le dévalisèrent et détruisirent *le nouveau nid.*

Mais les vainqueurs instruits par ce spectacle nouveau, par l'exemple de leur victime, suivant la loi naturelle de l'Évolution, gagnés par les douceurs naissantes de ce bien-être inconnu, refirent à leur profit l'œuvre du vaincu, et comprenant, par ce qu'ils avaient fait eux-mêmes, ce qu'ils avaient le plus à redouter, pour se protéger ils décidèrent de respecter réciproquement leurs nouveaux champs et de s'unir pour la défense de celui d'entre eux qui serait menacé ou attaqué.

Ce jour-là, ils créaient par convention le *droit de propriété* et s'imposaient le *devoir de la défendre.* C'est là l'*origine de la propriété et de ses lois.*

Avec elle naissait le vol !

. . . .

Quand un peuple civilisé envahit une terre inconnue, où vivent des hommes simples, ou bien une terre habitée par une race de pasteurs inhabiles à la civilisation intense, ou une terre qu'une abondance de biens fait envier et dont les habitants inexpérimentés sont trop peu nombreux pour se défendre avec succès, ou un royaume qu'une civilisation ancienne arrêtée dans son essor livre sans défense réelle aux conquérants, il vole aux primitifs qui l'habitaient, ou aux colons insuffisamment préparés, ou aux habitants déchus la terre qui les nourrissait et qui gardait les cendres de leurs aïeux.

Qui proteste le plus, alors? Qui menace? Qui veut intervenir? Ce sont les autres peuples civilisés, jaloux de n'avoir pas été servis par les circonstances et de n'avoir pu les premiers ravir cette conquête et profiter de cette aubaine, — aubaine ou source de nouveaux conflits que suggérera le mécontentement des voisins déçus dans leur ambition, ou la révolte des vaincus, repris d'un nouveau courage.

IV

Origine de la propriété héréditaire

Donc la Propriété à ses débuts, volée à la terre vierge violée, donna naissance à cette idée de vol et de voleur qui n'existait pas.

Et quand l'homme eut, à pas de

géant, *labouré son champ* et *créé sa demeure fixe*, que ses demeures furent devenues *hameaux*, *villes*, *nations;* quand il se fut civilisé, ou mieux, quand il commença à se civiliser, il songea à laisser à ses fils le fruit de ses conquêtes, le profit de ses combats, celui de son labeur.

Ce fut par ambition que son instinct affectueux pour ses petits créa ainsi l'hérédité. Des usages, des lois l'établirent, et de même qu'il laissait à ses enfants ses tares et ses qualités physiologiques, il voulut de par sa volonté ayant force de loi, leur léguer ce qu'il avait acquis sur autrui, souvent malgré autrui, son butin!

L'hérédité naissait donc d'une entente sociale qui devait devenir la source de bien des conflits, de divisions et de luttes sanglantes.

Les hommes, les puissants surtout, la firent respecter avec un soin jaloux pour les enfants des autres, afin qu'après leur mort leurs compagnons aient le devoir d'agir de même pour leurs propres enfants, respectant ainsi l'héritage d'autrui, de crainte que le leur ne le fût point *et pour qu'il fût respecté.* Et leur crainte fut telle qu'elle avilissait plus tard les victimes et que sous Néron, on vit les condamnés de César lui léguer une part de leur fortune, espérant qu'ainsi l'empereur respecterait pour eux la loi d'hérédité.

C'est ainsi que ce droit s'est étendu à tous les membres d'une famille qui se partageaient les dépouilles du mort, comme après le combat les vainqueurs se partageaient les dépouilles du vaincu.

V

Conséquences de la Propriété individuelle et héréditaire.

Qu'est-il résulté de ce droit social tel qu'il est aujourd'hui perfectionné par les hommes et formulé par les codes?

Des lois que firent les puissants pour sauvegarder leurs richesses. Une accumulation de fortune immense dans les mêmes mains; une inégalité sociale choquante au début de la vie. *L'affermissement de tous les préjugés.*

L'enfant riche peut ne point travailler et mentir à la loi naturelle formulée ainsi d'autre part : « *Tu gagneras ton pain à la sueur de ton front.* »

Et cependant qu'ils sont nombreux les riches qui, ne faisant rien, grâce à leur fortune, enviant même ceux plus riches qu'eux-mêmes ou ceux qu'un labeur infatigable et heureux favorise, croient au point de vue moral que leur situation ne leur crée *aucun devoir*, que leur bien-être et leur superflu leur sont dus de par *droit de naissance*, oubliant que ce droit est conventionnel et a comme corollaire des devoirs pour ne pas être une monstruosité, car qui ignorerait qu'il est des hommes qui meurent de faim de par l'inégalité sociale et que cela ne devrait pas être ?

Et le fils riche aura tout à souhait, tout ce que notre civilisation exige de ses élus pour réussir, le levier : l'argent. L'autre, le pauvre dénué de tout, se serrera auprès de lui pour gagner sa pitance et vivre des miettes de la table paternelle, bien heureux si son frère généreux le soutient d'un bras nerveux au lieu de s'efforcer de lui ravir sa part au soleil. Ou bien, dans un travail aride, nouveau Tantale, il convoitera, impuissant, la fortune insolente et se ruera vers les sommets enviés qu'il ne peut atteindre, ou, lassé, se drapant dans son manteau troué d'indépendance, il périra au coin d'une borne qui, ironie des choses, limite la propriété d'autrui, et ce sera ainsi toujours la lutte ardente pour la vie, contre la vie.

Comme ceux qui possèdent de par ce fait sont les plus forts, ils feront la loi, et la feront pour eux, tout à leur avantage, pour garder les positions acquises. Ils honoreront les soldats de la conquête, les organisant pendant la paix pour la défense de la propriété et des privilèges ; ils les combleront de gloire et d'honneurs après les combats fructueux et se les attacheront par toutes sortes de faveurs.

Ils se serviront de la superstition religieuse, gardienne sévère des préjugés, qu'elle entretient précieusement dans l'esprit des peuples, non pour bercer leur misère, mais pour défendre les positions acquises et les faire respecter en endormant la douleur.

Ils feront l'aumône parfois ; l'aumône qui paraît auréoler celui qui la fait, mais ne le peut que par un préjugé, car elle humilie celui qui reçoit sans grandir celui qui donne, et qui, le plus souvent, ne fait que restituer ; l'aumône, soupape de sûreté de la société, si fréquent manteau d'apparat de l'Égoïsme.

Aussi, quand des mains malhonnêtes détiennent les rênes du pouvoir et que la puissance appartient ainsi à des hommes peu scrupuleux, habiles à se servir comme arme de tous les préjugés, la propriété et le capital deviennent un danger et la misère humaine va grandissant au lieu de s'amoindrir.

La Révolution, en divisant les fortunes, en instituant l'égalité devant l'héritage, écarta, pour quelques années, le péril menaçant des grandes fortunes en les répartissant dans des mains plus nombreuses.

Chez les anciens Hébreux, les biens revenaient à la masse tous les sept ans, pour être distribués de nouveau et de nouveau fructifier par tous et pour tous.

Que diraient aujourd'hui les détenteurs de la Fortune publique qui, christianisant ou judaïsant les richesses, etc., etc., les accaparent sous un titre ou sous un autre, s'ils voyaient nos Parlements dignes d'une résolution virile augmenter proportionnellement les impôts et frapper justement les grosses fortunes, pour soulager ceux qui peinent en bas avec le superflu des autres (1).

Ce serait enfin un essai loyal qui donnerait à la loi son sens égalitaire, mais auquel les puissants s'opposeront toujours.

VI

La Propriété et le Suffrage Universel

Le *Suffrage universel*, qui n'agit que par le nombre et donne au bulletin de vote d'un déshérité autant de pouvoir qu'à celui d'un riche héritier, pourrait et pourra seul arrêter l'esscr de la puissance de l'argent et du capital accumulé dans les mêmes mains.

Mais, l'on entend dire parfois, comment un philosophe, un savant, un docteur, un grand industriel n'auront droit seulement chacun d'eux qu'à un bulletin de vote comme le pauvre diable du coin de la rue?

Oh ! combien est fausse cette appréciation, ou combien peu sincère cette indignation, car l'Egalité n'est pas du tout en faveur du pauvre diable. Il n'a ni les relations, ni l'argent, ni les connaissances qui lui permettront d'influencer

(1) Impôt sur le revenu, etc.

ses semblables. Il n'a que sa minime parcelle de pouvoir, son bulletin de vote de simple citoyen, il n'a que cela pour lui, etc., etc., et pourtant combien qui, criant à l'injustice, voudraient le lui arracher, trouvant que c'est encore trop.

Heureusement la justice immanente vient à son heure toujours, et quand même la masse étant bonne, loyale et juste, contenant en elle les principes de force et de dévouement, oui, quand même, grâce à son jugement et à son *désintéressement*, le suffrage universel permettra de modifier profondément les lois et pourra amener, sans contre-coup, même parfois faussé par les puissants, une meilleure répartition des biens, rétablir l'équilibre si souvent rompu, donner plus d'essor à l'initiative individuelle, favoriser les collectivités et combattre les tendances devenues inutiles des malheureux et des désespérés qui, les ongles déchirés dans la lutte journalière, rêvent au temps passé, le retour à l'état primitif, l'homme libre sur la terre libre. Car, comme dit le poète — trop souvent. « Ergo œgre rastris terram rimantur et ipsis unguibus effodiunt. »

Donc ils égratignent péniblement la terre et la creusent avec leurs propres ongles.

VII

La Propriété rend nécessaires les lois et le pouvoir pour faire respecter ces lois.

Mais de même que naissaient la propriété et l'hérédité, se créaient et s'établissaient les lois pour leur défense et se formaient autour d'elles les embryons de peuples.

Ce ne fut pas sans peine, sans secousse, ni sans combats que la propriété individuelle et héréditaire s'établit définitivement.

De cette propriété ravie à la terre, violée par le premier occupant, ou bien des conquêtes arrachées à de plus faibles, naquirent la jalousie, l'envie, l'égoïsme, la cupidité, la guerre et le cortège de tous les maux.

Le pouvoir, la superstition devaient en dériver à leur tour, consacrant par la force et la crainte des dieux les nouvelles lois.

La guerre se déchaîna sur la terre et ceux qui se signalaient aux combats, les plus agiles, les plus féroces, les plus

forts, « *le soldat heureux* » enfin, furent portés sur le pavois et devinrent les chefs.

Ils se firent la part du lion, « *Quia nominor leo* » car on les redoutait ; témoin Clovis frappant, de sa framée, *le soldat juste*. Il n'avait voulu laisser prendre à son roi, au chef qu'il avait élu que ce qui était convenu par la loi librement consentie entre eux, que ce que le sort lui attribuerait.

Mais malgré tout on avait besoin de l'initiative de ces chefs, de leur courage, *quoique intéressé*, de leur jugement pour la conquête et la défense de la propriété que chacun convoitait. Et les chefs, pour se maintenir au pouvoir favorisaient au détriment de l'égalité leurs créatures, piédestal momentané de leur puissance actuelle, de même que l'hérédité devait devenir la source de la puissance future de leur famille.

Et c'est ainsi que ces chefs qui, au début, partageaient le butin avec le soldat et s'en réservaient la plus grosse part, tentèrent à leur tour de consacrer la propriété de leur situation exceptionelle et de la rendre, de même que leur pouvoir, héréditaire. La royauté était créée.

VIII

La superstition religieuse corollaire de la force

Mais ce ne fut pas sans peine, sans efforts, que le pouvoir des chefs s'affermit ainsi. En plein triomphe, il leur fallut compter avec une force nouvelle, s'organisant d'une façon occulte, menaçant la propriété de leurs richesses, le résultat de leur conquête, enfin ce qu'ils appelaient leur gloire, c'est-à-dire leur pouvoir triomphant.

Ils eurent à résister maintes fois à des embûches, à des trahisons, et à soutenir des luttes sourdes qui menaçaient constamment leur situation et minaient leur autorité.

D'ou naissaient donc ces nouveaux obstacles? Quels ennemis invisibles et masqués, qu'ils ne pouvaient atteindre, les avaient donc suscités ?

Sans aucun doute, de la superstition religieuse.

Des hommes habiles à exploiter la crainte, « *timor fecit deos* » les perturbations de la nature, les souffrances, la mort, l'inconnu (*enfer et damnation*), qui terrifie les hommes simples et ignorants, exploitaient déjà la faiblesse humaine.

Ces hommes que l'expérience avait rendu conscients, convaincus de leur force, de leur puissance réelle sur l'humanité, s'imposèrent au pouvoir après de longues luttes, et les chefs des peuples craignant, ou ayant appris à redouter leur influence sur la foule, après avoir vainement essayé de les combattre, composèrent avec eux et s'unirent à eux.

Pour l'accomplissement de leurs desseins, ils les comblèrent de biens et de privilèges, en retour de l'appui spirituel et superstitieux qu'ils en recevaient et les autres le but atteint, favorisés par la fortune, comblés d'honneurs et de richesses, leur permirent tout moyennant largesses et dignités, et *créèrent le Droit divin.*

Ainsi furent inventés les rois, les sorciers, les prêtres des faux dieux !

Ils mirent tout leur pouvoir au service de la force et tous deux, *puissance du glaive* et *puissance de la superstition,* purent régner seuls maîtres pendant des siècles, triomphants et piétinant sur le dos de l'humanité.

IX

La Force et la Superstition. Les Lois

Ces nouveaux maîtres créèrent et modifièrent les lois qui régissaient la propriété et, faite par eux, la loi fut pour eux.

C'est ce recueil de lois que les différents peuples nomment leur code, et qui constitue **le droit.**

Quand ils crurent de leur intérêt de se servir de la force, ils se servirent de la force ; exemple, toutes les guerres et les exactions qu'il faudrait citer. Quand ils crurent de leur intérêt d'employer la puissance de la superstition ils s'en servirent de même (*Inquisition, Saint-Barthélemy, Albigeois, Dragonnades, etc.*), et c'est ainsi que les premiers, sans doute, ils violèrent la loi, la loi qui devait être pour *tous* et à qui seuls, bien souvent, les *puissants* et les *riches* peuvent faire appel sans danger!

Ils lièrent ou délièrent, firent ou défirent la loi suivant leur bon plaisir. Toute absolution était acquise et promise aux plus forts.

Il fallut donc baisser la tête et céder

à la terreur et à la puissance religieuses.

X

Conséquences historiques de l'Union de ces deux puissances.

Les religions furent donc toutes-puissantes, comme l'indiquent rapidement les quelques faits historiques qui suivent.

Un prêtre, dit la légende antique, faisait brûler, en Aulide, la fille du roi des rois, Agamemnon, pour lequel, sans doute, il avait quelque haine. A Delphes, la Pythonisse prédit la paix ou la guerre. Alexandre le Grand, qui enrichit les prêtres de Memnon, est divinisé par eux : ils le font descendre de Jupiter. Les Juifs, comme d'autres peuples, voient la religion dominer dans leur histoire. Parmi toutes les dignités républicaines dont il avait fait le mobilier de sa puissance, Auguste n'oublia pas celle de grand Pontife. Aussitôt après la mort de Lépide qui en avait été revêtu et dont l'insignifiance rendait la fonction peu dangereuse, il se saisit de ce titre afin d'être chef à la fois de la Religion et de l'Etat.

Plus tard il fut déifié, et Tibère, dans la suite, immolait des victimes à la divinité de son prédécesseur.

Plus tard les Barbares, dont la masse est irrésistible, vont brûler Rome qui s'était assimilé, avait fait sienne la civilisation grecque, et les chrétiens, en s'unissant à eux, détruisirent une civilisation raffinée pour en élever une autre sur les ruines fumantes de ce monde romain qu'ils avaient eux-mêmes contribué à abattre.

Le Polythéisme faisait place à une religion *d'amour et de charité*, qui, hélas, déviant plus tard, devint bien des fois dans la suite une religion *de haine, de sang, de division et de domination*. Charlemagne avec ses preux combat pour l'Eglise qui le sanctifie ou le béatifie. Elle soutient l'hérédité de son trône, de son pouvoir et le partage de son royaume avec ses fils. Mahomet, prophète et guerrier, réunit dans les mêmes mains les deux pouvoirs. Pierre le Grand, simpliste génial, convaincu lui-même que les deux sources du pouvoir ont toujours été l'empire et la religion, les réunit sur sa tête et se nomme lui-même, en quelque sorte, Pape Grec pour ne pas recevoir des ordres d'un étranger, éviter ainsi l'antagonisme possible de ces deux forces, les luttes qui en sont la conséquence, et les troubles qui peuvent déchirer les peuples en des guerres fratricides, et mène à bonne fin cette œuvre difficile.

Et n'ayant osé ni voulu agir ainsi, Napoléon Ier, pour asseoir sa dynastie, en affermir le *pouvoir*, en confirmer la *propriété* aux yeux du peuple et en assurer l'*hérédité* à ses descendants, rétablit la religion et, après s'être fait élire par le *suffrage du peuple*, se fait couronner par le *Pape* en plein Paris, *détruisant à son profit et sans conteste, pour les catholiques tout au moins, la légende de droit divin des Capets qui après avoir renversé leurs prédécesseurs Mérovingiens se réclamaient, eux aussi, de l'élection des Francs et de l'onction papale.*

Napoléon III, à son tour, suivant ces exemples célèbres, faisait défendre le Pape pour ménager la clientèle catholique qui boudait l'empire et envoyait des troupes à Rome. On sait ce qu'il en advint en 1870.

Et que de fois n'avons-nous pas vu nos hommes d'État tenter d'imiter ces exemples ! Ils ne savaient pas, comme le dictateur antique revenir, à la charrue, ils s'accrochaient au pouvoir comme s'il était leur propriété, parce qu'ils en avaient tiré jouissance et profit et n'osant briser les résistances, ils se pliaient devant elles.

Hésitants ! Ils craignaient pour leur pouvoir au bruit nombreux et sans cesse grandissant des pioches socialistes, frappant et ébranlant la vieille société jusque dans ses fondements.

Ils s'en sont allés parfois tendant la main à Rome, cherchant à ébranler les opinions, avilissant les consciences. Ils avaient le pouvoir qu'ils tenaient *du peuple*, ils sont allés chercher l'appui moral de la Papauté pour désarmer leurs adversaires et les amener à composer.

Cette union de la force et de la religion, que tant d'efforts n'ont pu réduire, ils ont tenté de la sceller de nouveau et de lui donner une nouvelle puissance.

La Papauté, sans doute désabusée par l'impuissance prolongée des régimes déchus, craignant peut-être pour le budget des cultes et le denier de Saint-Pierre, heureuse de pénétrer dans la maison dont on avait paru vouloir la chasser, et heureuse surtout de s'y fortifier, les encourageait et leur permettait ainsi de recommencer l'éternelle histoire de l'humanité. C'est ainsi qu'après trente ans de République, les partis religieux tiennent en France une place plus grande que jamais.

Mais l'opinion publique souvent ondoyante est la plupart du temps faite de bon sens, de raison et de vérité; les semences de 89 n'ont point toutes germé ni donné leurs fruits. Ayons confiance en un avenir où l'État indépendant sera débarrassé de toute influence religieuse, néfaste pour tout Gouvernement.

XI

La Propriété admise comme un droit Ce droit impose des devoirs aux détenteurs de la Propriété.

Nous pensons malgré tout voir bientôt les jours nouveaux se lever, temps heureux où se répartira d'une façon plus équitable la fortune publique, c'est-à-dire la Propriété, où se modifieront les lois anciennes où il sera permis à celui qui ne possède pas de pouvoir sans difficulté et sans intrigues obtenir le rang auquel il a droit par son mérite et ses vertus, sans être épié, trahi, vilipendé ou honni, où il sera permis au *spolié d'obtenir enfin justice*, où le droit social de propriété sera enfin com pensé par des devoirs sociaux obligatoires à l'égard d'autrui.

Car si la propriété doit être un *droit*, la justice doit être le *corollaire absolu de ce droit ;* sans cela la propriété serait plus qu'immorale elle serait contraire à tout contrat social. Mais pour que cette justice existe, soit réelle, efficace, il faut qu'elle soit gratuite.

Il faut qu'elle soit gratuite pour être accessible à tous, aux spoliés comme aux vaincus ; il faut qu'elle soit gratuite pour ne pas être à la merci du riche et du puissant ; il faut qu'elle soit gratuite pour éviter que les désespérés usent du suicide contre eux-mêmes ou bien fassent appel à la violence contre ceux dont ils ne pourront jamais obtenir justice, il faut que les quelques sous laissés à des enfants à la suite d'un long labeur et de privations ne soient pas à la merci d'un notaire, par exemple, comme cela a lieu si souvent, quand ce notaire a su adroitement s'imposer à des héritiers de la division desquels il profitera, sur la naïveté desquels il règnera.... (1).

Donc si l'on admet telles les origines de la propriété et que l'on considère ce droit de premier occupant, ou de conquête comme légitime, il faut nécessairement des lois pour régulariser ces faits; il faut cependant que ces lois, quelles soient-elles, puissent servir de guide et puissent être invoquées avec la même facilité par tous.

XII

Liberté-Egalité-Fraternité

Notre France Révolutionnaire que l'Empire a triomphalement entraînée à travers toute l'Europe à la suite du drapeau tricolore et dont il a gravé les grandes lignes et les idées généreuses dans l'âme des peuples, a inscrit au fronton de tous ses édifices ces mots

(1) Notre prochaine étude, très documentée, aura pour titre : « Du Notariat, de la Propriété dans leurs rapports avec la Justice. »

qui sont tout un programme. Liberté, Egalité, Fraternité.

Qu'ils passent donc dans nos mœurs ! Que nous en soyons pénétrés et convaincus ! Que de mots ils deviennent des réalités.

C'est, quoiqu'on en ait dit, au *suffrage universel*, cet instrument puissant, que l'on torture et que l'on trouve si imparfait suivant le point de vue auquel on se place pour le critiquer, que nous devons faire appel, c'est lui que nous devons défendre comme le seul instrument social de justice comme la seule arme éminemment égalitaire et de qui vient la seule autorité.

Partisans de la liberté, nous devons empêcher toutes entraves au fonctionnement du suffrage universel. Car c'est par lui que nous aurons la liberté de nous instruire et d'instruire les autres suivant les principes d'humanité et de morale idéale.

La propriété, telle qu'elle est organisée, est la cause inconsciente de tant de maux, c'est d'elle que vient la véritable inégalité choquante ; c'est elle qui empêche les hommes de se solidariser et leur fait constamment, dans un but de lucre, violer les lois. attenter à la liberté, car *la liberté consiste à laisser faire tout ce qui ne nuit pas à autrui*; or, pour acquérir *vite* et devenir *riche*, il est bien difficile d'y arriver si ce n'est au détriment de ses semblables ou par leur travail insuffisamment rémunéré, d'où naissent ces grèves terribles qui mettent en péril la société actuelle et en dévoilent les plaies cachées.

Il est donc nécessaire d'étudier et de rechercher, pour trouver la formule de justes solutions qui apaiseront les violents que l'injustice accable, qui les contiendront, qui consoleront les malheureux en améliorant leur sort suivant la *fraternité*.

Fraternité ! Et l'on sait qu'il y a tant d'hommes qui ne produisent rien, dont la vie restera inutile, quoique comblés de richesses ; qu'ils sont nombreux et ne soulagent aucune infortune, ces hommes qui se croient le droit de rester spectateurs indifférents de la douleur humaine à côté de ceux qui souffrent, qui ont froid l'hiver et que la faim tenaille presque toujours.

Fraternité ! Et l'on voit des gens qui se croient frustrés quand un parent riche meurt, n'ayant tenu aucun compte de leur *empressement* toujours *intéressé*, oubliant de laisser à ces flatteurs, à *eux seuls*, son bien tout entier.

Ils se croient frustrés sans songer que souvent l'héritage est le bénéfice d'une inégalité choquante, car le droit de disposer de sa fortune est tout au moins subordonné aux obligations que le mort, qui possédait, avait avec la société, qui pendant sa vie lui a assuré la paisible jouissance de ses biens et veille encore après son décès à l'exécution de sa volonté, sans compter l'obligation morale à laquelle il était tenu *d'élever sa famille, de pourvoir à ses besoins selon sa condition*.

XIII

Le travail donne seul le droit moral de posséder.

Donc, convaincus de ces vérités et persuadés de la trouée faite par ces idées, du coin qu'elles ont enfin victorieusement enfoncé dans la vieille société, luttons contre ceux qui voudraient revenir en arrière, à la force sans contrôle, à la superstition sans raison.

Oublions nos divisions et donnons par des réformes, toujours promises et jamais réalisées, une sanction réelle à notre amour du progrès, à notre désir d'améliorer le sort humain, à notre vouloir ardent de justice idéale.

Serrons-nous pour le bon combat, pour conserver les conquêtes sur la brutalité et l'ignorance.

Souvenons-nous qu'il faut savoir opposer aux appétits des puissants et des mauvais riches, à la fausse charité, la force invincible de l'union puisée dans les idées de bonté, c'est-à-dire de *solidarité*, dans le bien, pour le bien et le triomphe de l'idée libérale.

Or, travaillons! Car la liberté s'obtient par le travail. « Nec manducat nec laboret. » Il ne mange pas, il vole son pain, celui qui ne travaille pas, a dit saint Jean.

Paris, le 15 août 1900.

Docteur Adolphe MOURRET
(de Paris).

Paris.— Imp. de la Presse, 16, rue du Croissant. — Simart, imp.

www.ingramcontent.com/pod-product-compliance
Ingram Content Group UK Ltd.
Pitfield, Milton Keynes, MK11 3LW, UK
UKHW022141260726
13993UKWH00005B/2088